EMPEZANDO
a empezar

Ideas para no parar

Título original
EMPEZANDO A EMPEZAR
Ideas para no parar

Edita
Francisco Asensio Rodríguez – www.pacoasensio.es

Produce
Contenido: Francisco Asensio Rodríguez - @Copyconarte
Diseño y maquetación: Ana González Cuevas - @anagonzcuevas
Diseño de cubierta: Palma Asensio Rodríguez @palmaasensio

Imprime
www.lulu.com

1ª Edición: octubre 2016

ISBN: 978-84-617-5130-3

Depósito Legal: SE 1474-2016

A quienes me ayudaron a empezar.

Para empezar

Mentiría si dijera que nunca me he planteado escribir un libro. Es algo que siempre me ha motivado pero nunca he dado con la temática adecuada, con esa temática que me diese la oportunidad de hacer algo productivo.

¿Y por qué ahora? Este es un momento en el que siento motivación para hacer cosas nuevas y comenzar a obtener frutos de otras que empecé hace tiempo. Sin ser maestro de nada (excepto de educación física) es un buen momento más que para enseñar algo, para compartir cosas que sé que pueden funcionar.

El hecho de ponerme a escribir ahora tiene su origen en vivencias positivas que destacan sobre un cúmulo de errores que me han llevado a ser quien soy a día de hoy. Y digo a día de hoy porque igual ocurre algo mañana y cambio radicalmente, pero como digo, hoy, creo que puedo conseguir que alguien valore las líneas que están en sus manos.

A través de 10 puntos quiero compartir, dar, hacer valer, unos consejos que unas personas me dieron, directa o indirectamente, algún día, y que me han servido para aumentar la productividad, tanto personal como laboral, y poder ir añadiendo valor intrínseco a las cosas que hago.

Compartiendo esto no quiero ni mucho menos presentarlo como un manual de vida, no es esa la intención, pero al poner en práctica alguno de los 10 puntos seguro que acabas probando el resto para ver si también funcionan.

En algunos momentos hablaré de clientes, y por ello debemos entender no solo a personas o empresas a las que les vamos a vender algo material, sino a aquellas personas, organizaciones, animales, cosas o ideales a los que les vamos a prestar nuestros servicios.

Por otro lado nombraré a proveedores de algo que necesitamos (experiencias, dinero, piso, etc.) que serán aquellas personas, empresas, organizaciones, animales, cosas o ideales que nos den aquello que nos hace falta (alojamiento, sueldo, felicidad, etc.) que nosotros no somos capaces de tener sin un proveedor o no tenemos tiempo de conseguir.

La forma en la que a continuación están organizados estos 10 puntos sigue cierta lógica temporal según fueron llegando los aciertos, algunos de los cuales ha tenido que pasar tiempo para considerarlos como tales. Este orden pretende principalmente crear un mapa de contenido de modo que se pueda ir progresando a la par que se conocen los puntos, amenizándolo si cabe con ejemplos reales que he podido conocer, ver o vivir en los últimos años.

Está claro que quienes lean primero esto sabrán valorarlo por los lazos que nos unen y porque seguro que algo útil sacan de ello, y esa será mi mejor recompensa, hacer que mi entorno cercano pueda sacar sentido a estas líneas, al igual que yo saco sentido a diario al hecho de tenerlos cerca.

Hace años hice en la Universidad de Cádiz un curso de conducción eficiente con el medioambiente y aunque parecían consejos lógicos la realidad es que no se hacen.

Con el tiempo, sin saber ni cómo, me di cuenta que poco a poco había ido incorporando esos consejos a mi conducción. Y ese es el efecto que pretendo conseguir con los siguientes 10 capítulos, dar una serie de consejos que creen sedimento y que ayuden o faciliten la vida a quienes los pongan en práctica.

Por último, a modo de conclusión y como cierre a esta introducción, solo quedaría agradecer la lectura de las siguientes páginas y esperar que sean de utilidad para quienes las reciban.

Gracias por el tiempo dedicado.

Reputación online

Los expertos y gurús definen la reputación online como "el reflejo del prestigio o estima de una persona en internet y que no está bajo el control absoluto del sujeto, sino que la 'fabrican' también el resto de personas cuando conversan y aportan sus opiniones".

No deja de ser una teoría que llevada a la práctica puede abrirnos o cerrarnos puertas de futuro. No todo el mundo ve adecuado dejar la contabilidad de su empresa en manos de alguien a quien ha visto en YouTube subido junto a dos amigotes en un trineo individual tirándose montaña abajo por Sierra Nevada a ver qué pasa. ¡Ojo! Que no quiero decir que haya que borrar este vídeo, sino que igual tu perfil de Linkedin no es el lugar adecuado para colocarlo, corriendo el riesgo de perder a un posible cliente o proveedor.

Tanto en el mundo laboral como fuera de él hay gente a la que le gusta ver "a quién se enfrenta", siendo tan simple como poner su nombre en Google para tener unas primeras pinceladas.

Esto sirve, entre otras cosas, para saber por dónde te pueden salir, ya sea para bien o para mal. Un ejemplo de ello lo viví en una reunión con una persona que llevaba la dirección de marketing de una empresa relevante a nivel Andalucía. Un tiempo antes comprobé su reputación online y en esa reunión percibí su afición por mentir, además con cierta gracia. Esto me sirvió para saber hasta qué punto podía confiar en esa persona.

Para qué sirve

Una buena reputación online nos sirve en primer lugar como tarjeta de visita. Es posible que sea una de las primeras impresiones que causamos en alguien que no nos conoce y que por tanto es conveniente que orientemos hacia el objetivo que queremos conseguir.

Se da por hecho que cuando invitas a alguien a tu casa sueles recoger un poco, fregar lo de ayer que no te apetecía, preparar algo de picoteo y tener bebida fría. La reputación online es igual. Si te gusta la petanca y vas a entrevistarte con un seleccionador, no cuesta trabajo poner en tu muro de Facebook alguna publicación relacionada o una foto de perfil tuya lanzando. Si esa persona te busca en Facebook antes de la entrevista irá al menos sabiendo que no va a perder el tiempo.

También es un escaparate en el que puedes mostrar tus cualidades que quieras destacar y dejar a la vez en segundo plano aquellas que no dominas bien todavía.

En el caso de la gente que tiene un blog que se convierte en la primera referencia suya en internet, si lo tiene bien ordenado y estructurado dará una pista sobre el cariño que le pone a su trabajo. Que no estamos hablando de tener un superblog profesional, tan solo basta con un Blogspot gratuito con un dominio redireccionado con tu nombre (que los hay desde 9€ al año) que esté bien organizado en categorías. Con esto ya daremos un sencillo paso hacia una buena impresión.

Por qué cuidarla

Como daba a entender la película "El efecto mariposa", cualquier decisión que tomemos definirá el rumbo de nuestra vida, y aunque si son malas luego se pueden enderezar, el tiempo que se va no vuelve. Nunca sabremos qué podíamos haber hecho en el tiempo que hemos dedicado a enderezar situaciones, aunque el fin haya justificado el medio.

Por darle un toque práctico, un buen ejemplo es el hecho de que cuando se es joven a veces un correo tipo morenosevi69@hotmail.com u otro como margarivasilona@yahoo.es no queda demasiado mal, pero cuando se entra en la vida adulta es recomendable tener un correo más decente si queremos que alguien nos escriba tomándonos en serio.

Normalmente al poner un correo en Google te suelen salir resultados de foros, grupos, compra-venta, etc en los que se utilizó ese correo como contacto. Esto puede ser positivo o negativo. Positivo si todo lo que aparece es neutro o bueno. Negativo si, por ejemplo, en un foro de fútbol has sacado al demonio que llevas dentro y has despotricado hasta quedarte sin tacos que decir.

No cuesta trabajo hacerse una cuenta de Gmail con el nombre o las iniciales y apellidos, algo sencillo, breve, pero personal. Además que con el tiempo se le van sacando más utilidades a esa cuenta: YouTube, Calendar, Analytics, etc.

Una recomendación que doy a quienes se hagan un nuevo correo es que utilicen palabras que no lleven a error, y lo digo por propia experiencia. Cada vez que doy mi correo tengo que avisar que mi apellido se escribe con las dos con "s", ya que he llegado a ver mi apellido escrito con dos "c" en alguna ocasión: Acencio. Esta tontería puede hacer que correos importantes se queden por el camino.

Como decía al principio, es importante que lo primero que aparezca al poner en Google tu nombre construya en positivo. Por ejemplo, si trabajas en marketing lo ideal es que la primera foto tuya en Google Imágenes provenga de tu web, de tu blog o de tu perfil de Linkedin, y al profundizar en ella encontrar que dominas la materia que es lo que querías que se viera. Caso contrario es que la primera foto provenga, y cito como ejemplo un caso real, de Badoo, encontrando al profundizar un poco de marketing propio pero con otro objetivo bien distinto. Hay que decir en defensa de esta persona, que ocupaba un puesto de dirección, que posiblemente ese resultado fuese consecuencia de años mozos ya pasados, tan pasados que esa persona habría olvidado que su perfil aún estaba ahí. De hecho al tiempo volví a comprobarlo y la nueva primera referencia era su perfil de Linkedin, nada de Badoo.

Consejo: Es importante ser el primero en hacerse un rastreo para favorecer o quitar cosas en función de nuestros intereses, así podremos condicionar en positivo a quienes nos busquen.

Hay miles de redes sociales que surgieron en la primera década del nuevo milenio. Muchas que actualmente están muy en desuso, y aunque no lo creamos, no han caído totalmente en el olvido. Google las sigue posicionando decentemente y además si es un perfil que no tiene muchas referencias en internet estas redes sociales suelen ser de los primeros resultados que aparecen. Así fue en mi caso con Hi5.com, una red en la que un día me cree un perfil que no volví a tocar. Cuando me hice un rastreo propio me sorprendió ver cómo de primer resultado salía una foto mía con pelos y con gomina, cuando ahora estoy medio calvo. Lo más práctico que pude hacer fue cerrar eso y ver cómo al poco tiempo se eliminó ese resultado en las búsquedas. No era negativo pero ocupaba una posición que podía llegar a ser más productiva con otra cosa.

Continuando con esto, otro caso personal que tuve fue de una web de compra-venta en la que puse hacía ya bastantes años unas postales antiguas usando mi correo como contacto. No era algo que me restara, más bien neutro, pero ocupaba una posición en Google demasiado alta que hacía que lo que yo quería destacar no se viera en un primer momento.

También hay cosas que no hay manera de quitar de la red, entre ellas quiero destacar las multas. Un rastreo muy común es poner el nombre y apellidos y esto te lleva a cualquier historia a la que te suscribiste en la época en la que la protección de datos no importaba tanto. Junto a tu nombre y apellidos aparece el DNI y si hacemos una búsqueda con él en Google puedes encontrar una multa que haya sido publicada en algún medio oficial del Estado. Sí, es así. Hace tiempo vi una multa referida a algo de Hacienda que tenía un nuevo cliente, y que era de un importe muy considerable. No se podía ver la razón, y nunca vamos a preguntarle, pero... aunque digamos que no estamos condicionados, cuando nosotros le facturemos y pensemos si nos va a pagar o no... ¿construirá este dato en positivo o en negativo? Pensadlo bien.

Cómo trabajarla

Ya hemos quitado todo aquello que no queremos que afecte a una posible oportunidad laboral y ahora debemos trabajar qué queremos destacar, lo que queremos que Google enseñe a quien ponga nuestro nombre en el buscador.

Reputación online en Facebook

Anteriormente hablé de dos cosas que se presentan como un inicio positivo. Un nombre de dominio propio, que denote los valores propios que queremos destacar, y un blog en el que podamos ofrecer un contenido interesante que nos ayude a construir una imagen personal útil para nuestros objetivos.

Un segundo paso podría ser la creación o adaptación de una cuenta de Facebook. "Creación" en el caso de no tener ninguna previamente, orientándola siempre hacia lo que queremos transmitir, o adaptación en el caso de tenerla y que no construya en positivo hacia la imagen personal que queremos.

Para la "adaptación" pueden darse dos casos. Que nuestro perfil ya vaya en la dirección que queremos pero que nuestro nombre sea, por ejemplo "P.A. Asen", de modo que Google no pueda identificarlo con alguien que busque "Francisco Asensio Rodríguez". Este proceso sería tan sencillo como cambiar el nombre, ya que si estamos haciendo las cosas bien lo mejor es ponerle en bandeja a Google que nos localice.

El paso inverso es que nuestro perfil reste imagen personal. Nuestro perfil es un desastre y el haber puesto el nombre completo hace que Google nos localice fácilmente. En el caso de que prefiramos un poco de privacidad y evitar que un futuro cliente o proveedor vea lo que hicimos el último verano, lo ideal es ponérselo difícil a Google en este frente. Tan sencillo como poner unas siglas para que nuestro perfil de Facebook deje de responder a una búsqueda por nuestro nombre, por ejemplo "P.A. Asen".

Reputación online en Twitter

Siguiendo con las redes sociales, si buscamos la reputación online de alguien uno de los primeros resultados que encontramos es su perfil de Twitter. Aquí ocurre como en Facebook, si queremos que Google lo localice fácil y lo muestre a quien nos busca, pongámoslo fácil, un nombre que nos identifique claramente. En caso de que queramos privacidad, mejor usar una cuenta más anónima, que sea difícil relacionarla con nosotros.

Seguidores y seguidos

Un último consejo para cerrar el capítulo de la reputación online: "Dime con quién andas y te diré quién eres".

Deberes:

1 *Pon en Google:*
· *Tu nombre*
· *Tu nombre entrecortado*
· *Tu correo actual*
· *Tu correo anterior*
· *Tu DNI*

2 *Elimina o cierra lo que no te guste*

3 *Actualiza lo que quieres conservar*

4 *Escribe tu nombre y apellidos en lo que quieres posicionar.*
(Twitter, Facebook, etc.)

5 *Cambia tu nombre completo por iniciales o seudónimos en lo que quieres ocultar.*

6 *Hazte un perfil en Linkedin y comienza a hacer contactos.*

Lo importante es la idea

El título que da nombre a este capítulo viene de una lección que aprendí en la primera experiencia becaria que tuve. Fue en McCann Erickson en Madrid con una remuneración que superaba ligeramente la centena de euros y que percibía en tickets de comida, aunque aquí lo importante no era ganar dinero, sino aprender y hacer portfolio.

En esta agencia tuve la gran suerte de compartir mesa con Jesús Martínez, gran diseñador y amigo, y de estar tutorizado por Ander Mendivil y Eduardo Hernández, quienes con sus consejos nos iban abriendo puertas en los procesos creativos.

Uno de los mejores consejos vino del hecho de que, tras dos días de trabajo, presentamos a nuestros tutores una propuesta que casi era un arte final y ellos se vieron en la tesitura de tener que decirnos que la idea no era buena y que habíamos desperdiciado dos días en trabajar en ella.

Con mucho tacto intentaron explicarnos que para lo único que había servido nuestro trabajo era para tener claro por dónde no había que tirar, entonces nos dieron el consejo: "no os pedimos un arte final con la idea, si queréis hacéis un boceto en un papel o simplemente nos la contáis hablando. Una buena presentación la puede hacer luego cualquiera, siempre habrá quien diseñe mejor que vosotros, y que nosotros, y que el director creativo ejecutivo. Pero la idea siempre será vuestra y ahí es donde tenéis que trabajar más tiempo, en hacerla única, vuestra, y si funciona, ya habrá alguien a quien encargarle la ejecución. Pero la idea siempre será lo más importante del proceso, lo que marcará vuestra diferencia".

Esto no quiere decir que los procesos pierdan valor y que si no somos diseñadores de matrícula de honor mejor que se lo dejemos a otro, sino que a veces nos conviene "perder" un tiempo inicial para afinar bien la idea ("afilar el hacha antes de cortar el árbol" que diría Antonio Leal, profesor de la asignatura de creatividad que tuve la suerte de tener en la Universidad de Cádiz) que será lo que verdaderamente nos diferencie.

Dejemos al principio en segundo plano tareas como pueden ser la presentación o la ejecución, ya habrá tiempo más tarde para tratarlo con alguien con quien podamos sacarle el máximo partido. Al inicio lo que más importa es que la idea sea única. Y más importante aún: que sea nuestra.

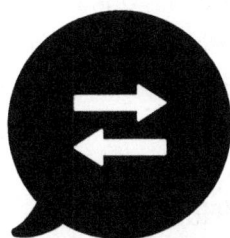

Aprende ayudando

Tenemos millones de ideas que creemos que van a cambiar el mundo pero ninguna marca confiaría su dirección de marketing a alguien sin experiencias previas ni referencias, esa es la realidad.

¿Son realmente buenas esas ideas? ¿Por qué pasa el tiempo y nadie nos deja ponerlas en práctica y comprobarlo? La respuesta es sencilla: ninguna empresa está dispuesta a que nadie juegue con su dinero. Las empresas necesitan resultados y las promesas de resultados se las lleva el viento.

A principios de 2009, en enero, leí un artículo en el que una ong, www.defensafelina.org, necesitaba urgentemente casas de acogida para sus gatos. Vi la noticia temprano por la mañana y estuve todo el día dándole vueltas pensando cómo ayudarles. Escribí por la noche a quien firmaba la petición de ayuda, Rosario, su presidenta de entonces, y le conté varias acciones a coste cero con las que darse a conocer con idea de obtener ingresos y casas de acogida.

Tras varias conversaciones en las que le expliqué con detalle las acciones, concluyó en que podían salir bien, aunque no había medios humanos para realizar cualquier acción de marketing, los pocos voluntarios que había estaban dedicados a los gatos al 100%. En ese momento me propuse ser el Responsable de Marketing de la Asociación. Así como suena, con las primeras letras en mayúscula y todo. Había pasado en un momento de estar parado y desocupado a estar parado y ocupado en una gran labor social.

En aquel momento la ong tenía unos 7.000€ de deudas, con clínicas veterinarias y residencias principalmente, por lo que una acción para bajar esa deuda se hacía necesaria. Esto originó una sencilla pero efectiva acción llamada "Objetivo 7.000" que consistía en una web de coste cero, apoyada por una nota de prensa y la difusión de los voluntarios en redes sociales, email, boca a boca, etc.

En la web se explicaba el problema, animando a que si cada visita hasta las 7.000 donaba un euro, al completarlas, la deuda estaría resuelta. No se consiguieron 7.000€, pero sí algo más de 3.600€ que dieron para aliviar la situación.

En la actualidad colaboro como socio de la Asociación con una aportación económica mensual, con la satisfacción de haber proporcionado, a coste cero, solo mi tiempo, aproximadamente 8.000€ recaudados gracias a ideas que nunca habría comprado una empresa a alguien sin experiencia.

Si acabas de terminar la carrera o estás en paro, no estés parado. Hay cientos de asociaciones que necesitan ayuda de personas especializadas en sectores como, por ejemplo, el marketing, que por sus propios medios no podrían poner en marcha nada, pero con la ayuda de alguien como tú podrían cambiar su situación.

Con el tiempo, aunque no tengas remuneración económica por tu trabajo, harás cosas sin depender de un OK que te corte las alas, tu creatividad no encontrará límites. Pero lo más importante de esto es que te darás cuenta que el valor de esa experiencia, tu ayuda y tu trabajo, es incalculable, tanto para la asociación a la que ayudas como para ti mismo.

Deberes:

1 *Haz una lista de cosas que sabes hacer.*

2 *Elige una ONG cercana a ti.*

3 *Ofrece tus servicios.*

Procure um sabio mestre
e procure aprender

Un tópico muy típico es el hecho de que cada persona nos puede proporcionar un aprendizaje en la vida. Ya sea bueno, de lo que hay que hacer, o malo, de lo que no. Pero aprendizaje al fin y al cabo.

Desde el colegio, pasando por el instituto y la universidad, hemos tenido profesores que han dejado huella en nuestra forma de ser gracias a sus consejos y sus enseñanzas, y también otros que todo lo que han hecho es demostrarnos cómo no hay que tratar a las personas. Si nos salimos del mundo de la docencia nos encontramos a amistades, entrenadores, compañeros de equipo, vecinos, amigos, mucha gente de la que poder extraer cosas que nos sirvan para crecer como personas, para mejorar nuestra imagen personal.

Es muy difícil inventar algo pero cuando ya lo está lo más fácil es, si es algo bueno, añadirlo a nuestra rutina. Que no se trata de no tener personalidad y ser la suma de otras personas, eso no es lo que digo. Se trata de ser, como dice el dicho, una persona íntegra. Una persona que aporte al mundo, y si adquirimos lo bueno de otros lo más posible es que eso nos ayude a construir actitudes, comportamientos y procesos positivos propios que otros posiblemente quieran incorporar.

En su día, cuando me esforzaba por aprender algo de capoeira, una de las canciones que cantábamos en los entrenamientos, llamada "falso capoeira", decía la frase que titula el capítulo. Trataba de una persona que iba de maestro por la vida pero no sabía hacer correctamente nada de capoeira, no aportaba nada al mundo de este arte marcial, por lo que se le recomendaba que buscase a un buen maestro, adquiriese su técnica, y comenzase a aprender.

Si aplicamos esta idea a la construcción de una buena imagen personal a través de un blog, (recomiendo leer el blog de Carlos Bravo, www.marketingguerrilla.es en el que post a post enseña a ser altamente productivo en el mundo digital), sigamos a otros blogueros que nos orienten y hagan mejorar nuestro blog con eso que ya han aplicado y les funciona.

Si lo que queremos es aplicarla al mundo del diseño gráfico, tomemos referencias de otros diseñadores, ya no consagrados, sino que nos den esa pista, truco o consejo que haga avanzar nuestra carrera.

Si queremos organizar nuestro día a día, busquemos formas eficientes de hacerlo que ya estén más que probadas por otros y adaptémoslas a nuestra forma de vida, quizás gracias a esto encontremos el tiempo que nos faltaba para escribir ese libro que nunca nos lanzábamos a escribir o a viajar a ese lugar que siempre quisimos conocer.

Y es que ya lo dice el refrán: "Dime con quién andas y te diré quién eres".

No tengas miedo
al no, emprende

Corría el año 2010, casi acabando, y al estar sumido en un profundo periodo de paro decidí matricularme, para aprovechar el tiempo, en el segundo ciclo de la licenciatura de Periodismo en la Universidad de Sevilla.

Un día fui a una tutoría y buscando el despacho vi en una puerta el nombre de una profesora que había tenido en Publicidad y RRPP en la Universidad de Cádiz, Gloria Jiménez, y me anoté mentalmente hacerle una visita al acabar la tutoría.

En ese encuentro le conté lo que había hecho desde que acabé la carrera, mucho y nada al mismo tiempo, y que no sabía qué más hacer para encontrar un trabajo, y por supuesto ni mucho menos relacionado con lo que había estudiado.

Tras contarle un proyecto que tenía parado, Gloria me dio un consejo sencillo pero eficaz: cree en ello y emprende. Le comenté que al no trabajar no tenía medios económicos y me dio un folleto de un concurso de ideas empresariales que la Universidad de Sevilla ponía en marcha anualmente. No es que fuera un dineral, quizás 2 o 3 premios de 1.000€, pero daba para arrancar.

Me dio varias webs de referencia para hacer un plan de empresa y me dijo que la siguiente visita tenía que ser para decirle que el proyecto estaba en marcha. Y así fue, hice un plan de empresa siguiendo las indicaciones y lo presenté, aunque no gané nada. De hecho ningún alumno ganó nada, todos los premios fueron para investigadores de barba y pelo blanco pertenecientes a varios departamentos de la Universidad de Sevilla. En fin.

Pero todo tiene su lado bueno, antes de empezar no tenía nada y ahora ya tenía una versión 1.0 del plan de empresa de DeTarifa.com, y justo aparecía un nuevo concurso de jóvenes emprendedores bajo el patrocinio de Microsoft.

Me puse manos a la obra y vio la luz la versión 2.0 del plan de empresa, pero esta vez sí que fue positivo el resultado. Obtuve un premio de 8.000€ (de los que Hacienda se quedó 1.600€) y un ordenador portátil, ambas cosas para que el proyecto pudiese arrancar.

Con esta pequeña historia quiero ilustrar que, aunque no se consigan las cosas en un primer momento, lo importante es saber a dónde queremos llegar, no pasa nada si se tarda un poco, es preferible pensar en un NO más como una oportunidad de pasar de la versión 2.0 a la 3.0 que como un fracaso.

A finales de los 90, un profesor del instituto, Pepe Portillo, dio a la clase uno de los mejores consejos que he oído: "todo lo que hagáis irá creando sedimento. Y cierto nivel de sedimento da acceso al cumplimiento de objetivos. Un suspenso no es más que una oportunidad para mejorar".

Este concepto del profesor, "todo lo que hagas crea sedimento", es también una forma positiva de encarar una etapa tras un tropiezo. Anteriormente dije que el tiempo que se va ya no vuelve y que nunca sabremos lo que podía haber sido. Pero sí sabemos lo que sí ha sido. Por eso de cada situación es bueno extraer un aprendizaje, es la mejor forma de hacer que un hecho negativo, construya para nosotros en positivo.

Deberes:

1 *Escribe en un folio la idea que hace tiempo tuviste.*

2 *Evalúa sus pros y contras.*

3 *Haz un plan de empresa.*

4 *Ponla en marcha.*

No hay que preocuparse, hay que ocuparse

A diario se puede ver en medios de comunicación y por la calle a gran cantidad de personas que, aunque tienen los recursos necesarios para cambiar situaciones, se quejan una y otra vez de lo mal que está "la cosa", que lo está, pero con esos lamentos no se cambia nada. Luego está quien, por desgracia, no tiene medios y espera como puede a que pase el chaparrón. En este capítulo recibirán unas pinceladas de consejos sobre todo quienes tienen los medios y no los usan.

Es muy sencillo comentar lo sucia que está la calle mientras tiramos un papel al suelo, decir que la juventud no respeta nada mientras atufamos con el humo del cigarro a quienes esperan el autobús en nuestra misma parada, escribir un WhatsApp a un amigo comentando que no hay trabajo para nosotros mientras estamos tirados en el sofá viendo en la televisión cualquier programa que no nos aporta nada, etc.

Lo difícil, al parecer, es tirar los papeles a la papelera, levantarnos y fumar a 5 metros de la parada sin molestar o salir a ofrecer un trabajador a alguien que lo necesite. Y no se trata de imprimir 400 currículums y echarlos en cualquier sitio, sino de centrar el tiro haciendo un estudio previo de dónde estamos y dónde queremos estar el día de mañana.

Al finalizar los estudios somos personas sin experiencia, carne de cañón de la lista del paro. Las empresas buscan lo bueno, bonito y barato, nosotros no podemos ofrecer apenas nada porque no hemos tenido oportunidad de demostrar nuestra valía. Entonces, si para trabajar nos piden experiencia y no tenemos, ¿cómo conseguimos esa experiencia que nos de un trabajo? Es la pescadilla que se muerde la cola.

Una de las cosas más productivas que he hecho en mi vida ha sido ayudar a la asociación Defensa Felina de Sevilla. En esa época estaba parado pero no quieto, aunque a veces presentaba altibajos anímicos porque no veía la luz al final del túnel. Estaba haciendo cosas creativas para la ong que iban mejorando mi portfolio pero necesitaba dar un paso más y no encontraba el escalón en el que darlo.

En un almuerzo benéfico que organizaba Defensa Felina conocí al novio de una voluntaria que trabajaba en una agencia de publicidad en Sevilla. Charlando de la profesión me dijo que cuando perdió su empleo al comienzo de la crisis, para no estar quieto mientras estaba parado se presentó a concursos de diseño y creatividad para ir ganando un dinero e ir mejorando su currículum, tanto que esos triunfos le ayudaron a encontrar un nuevo trabajo.

Me animó a que yo hiciera lo mismo. Se podría decir que este consejo me ha llevado al punto de la vida en el que en ese momento quería estar y gracias a eso puedo plantearme ahora otro nuevo punto al que llegar.

Obviamente los concursos no los regalan, además de nosotros, hay mucha más gente deseosa de ganar el concurso del cartel de la Feria de Villarriba o el de fomento de la lectura del ayuntamiento de Villabajo. Pero nosotros queremos ganar los 300€ de premio y ponerlo en nuestro currículum así que afilamos el hacha, investigamos y hacemos una buena propuesta que aunque no gane haga dudar al jurado. Hasta que llega el día que ganamos.

Gracias al consejo del novio de la voluntaria de Defensa Felina, entre 2010 y 2011, mientras estaba en paro, participé en decenas de concursos de creatividad. En el 90% no conseguí ningún premio ni reconocimiento pero tras ir aprendiendo de los fracasos llegó una racha de victorias. El premio más destacado fue el poder acudir al Festival de Publicidad de Cannes 2011, aunque también conseguí 27 libros (sobre todo de novela histórica), el libro Guinness de los Records 2012 y una camiseta de esa edición, 8.000€ (de los que Hacienda se llevó 1.600€), un ordenador portátil Samsung 9, un Ipod Touch, y lo más importante, acceder a unas prácticas en una agencia de publicidad en Sevilla, 360° Marketing y Comunicación.

Para llegar al cumplimiento del objetivo hay que ir puliendo cada vez más el medio que nos lleve hasta él, y una vez en él, no hay que relajarse, hay que seguir hasta el siguiente objetivo. Durante el trayecto llegarán momentos de desánimo y desilusión, y en esos momentos hay que recordar la frase que mi prima Elizabeth lució durante un tiempo en su estado de Messenger: "no hay que preocuparse, hay que ocuparse".

Deberes:

1 *Busca en Google concursos que creas que se ajustan a ti.*

2 *Selecciona aquellos en los que tienes posibilidades.*

3 *Piensa bien qué hacer y participa.*

Piensa global. Actúa local

A menudo vemos en los medios de comunicación situaciones alrededor del mundo que no nos agradan y pensamos que habría que hacer algo para cambiarlas. Sí. ¿Pero quién? Es muy sencillo decirlo pero muy difícil hacer algo para cambiarlo.

La idea no es que cada vez que veamos que faltan alimentos en un punto del mundo cojamos un avión para llevarlos. Es tan fácil como localizar a una ong que lleva alimentos a ese sitio y ayudarles. Y más sencillo aún es no hacer nada y seguir con lo que estábamos haciendo sosteniendo que son los gobiernos del mundo quienes tienen que arreglar esos problemas. Y esto, que está feo por nuestra parte, es lo que suele pasar por lo general.

En 2007 tuve la gran suerte de ser alumno de la profesora Marta Pulido, quien dio a la clase uno de esos consejos de vida que marcan a quienes quieren captarlos: "Piensa global. Actúa local".

Cuatro palabras, cada una con su gran significado, que juntas dan un sonoro tirón de solapas a aquellas personas que se relajan ante los grandes problemas del mundo tan solo por el hecho de que ellos creen que no tienen medios para solucionarlos.

Actuando local podemos conseguir que grandes causas lleguen a más personas y gracias a ese pequeño resorte individual que hemos sido conseguir entre todos que un problema global se solucione.

Esta frase tiene su origen en los comienzos del siglo XX y según he leído se atribuye al activista Patrick Geddes aunque a partir de ahí es utilizada en numerosas iniciativas, sobre todo relacionadas con el medioambiente. De hecho, una de las veces que la vi la usaba la tienda Natura como claim de una de sus campañas.

Su más que probado uso puede hacer que escribir sobre esto parezca la búsqueda del aplauso fácil, la repetición del tema recurrente con el que todos estamos de acuerdo y que sirve para rellenar líneas causando buena impresión. Pero nada de eso. Este capítulo busca la implicación, la levantada de culo del sofá, la apertura de la App del banco y la donación, un tweet de apoyo a quienes buscan solucionar problemas, un email a una asociación preguntando "sé hacer esto, ¿en qué os puedo ayudar?". Eso es lo que busca. Una actuación local que genere un cambio global a mejor. Que construya en positivo.

Permíteme que insista para cerrar el capítulo, es uno de los mejores consejos que se pueden recibir y regalar: "Piensa global. Actúa local".

Optimiza tu día

Si nos ponemos a calcular la cantidad de tiempo que hemos dejado escapar en nuestras vidas sería para echarnos a llorar pero ese lamento ya sería una nueva fuga de minutos que no aportaría nada a la colección.

Hay numerosas situaciones cotidianas que utilizamos para cosas poco productivas: jugar en el móvil, leer una vez más la pegatina con las tarifas del bus, ver programas malos de televisión, revisar cada rincón de la misma sala de espera del médico a la que hemos acudido desde pequeños, etc.

Si cada año sumásemos todos esos minutos nos saldrían varias horas que nunca volverán, y esto, no depende de nadie, solamente de nosotros. Y verdad es que a veces cuesta identificar estos momentos que se van hasta que no estamos en mitad de ellos, pero el truco está en tener preparadas pequeñas tareas y planificar cuál de ellas se va a hacer cuando surja uno de estos intervalos en función de su duración estimada. De este modo es muy probable que los convertiremos en momentos productivos.

Hay varios ejemplos de estos momentos que son bastante recurrentes por su frecuencia de aparición. El más típico es el camino en bus hacia la universidad o trabajo y la vuelta posterior. Al menos en mi ciudad cada trayecto se sitúa en torno a media hora, un tiempo ideal para hacer cosas como leer un libro, si tienes un blog buscar o crear contenidos, programar actualizaciones en redes sociales, hacer las llamadas pendientes, leer, contestar, eliminar correos, y otras muchas más cosas que se acumulan, pudiéndoles dar salida durante estos trayectos.

Otros momentos similares pueden ser también mientras esperas en la consulta del médico (que siempre va con retraso), mientras te toca turno en la peluquería, entre clase y clase, durante un viaje largo en autobús, tren o avión, cuando quien esperas se retrasa, etc. Multitud de momentos que si se consiguen ocupar en algo productivo con el tiempo irán dando frutos. Frutos como este libro que estás leyendo ahora mismo, escrito en exclusiva en estos momentos, y principalmente en los trayectos de bus.

Que tampoco se trata de no descansar y estar siempre activos, no es eso, el asunto tan solo consiste en aprovechar momentos vacíos, de los que se van sin más, y hacer algo de lo que con el tiempo nos enorgulleceremos.

La suerte es el cuidado de los detalles

Hace varios años leí un libro, "Piensa, es gratis", en el que su autor, Joaquín Lorente, tomaba prestada una frase de Winston Churchill que es la que da título a este capítulo: "La suerte es el cuidado de los detalles".

Fue en el año 2010 cuando lo leí y mirando hacia atrás en el tiempo recordé pequeños detalles que si los hubiera cuidado igual habría tenido más éxito en algunas cosas.

Desde ese momento me propuse cuidar esos detalles para ver si realmente eso haría que la suerte se diese una vuelta por los proyectos en los que me metía.

Un hecho tan simple como dar los buenos días a tus vecinos (que hay gente que parece que le cuesta) puede ser diferencial y hacer que se acuerden de ti si son preguntados por alguien para un puesto de trabajo o simplemente para guardarte el nuevo catálogo de IKEA para que nadie te lo quite del buzón.

Esos detalles son tu imagen de marca, es la forma en la que muestras al mundo cómo eres, cosa que aprendí aplicado a la empresa en 360° Marketing y Comunicación en el momento en que su director, Álvaro Alés, me comentó que "estamos vendiendo la empresa desde el momento en el que descolgamos el teléfono".

Si nuestro primer contacto con el cliente es agradable y positivo, por seguro que la relación que venga a continuación tiene más posibilidades de prosperar. Y aún más si en el primer cara a cara cuidamos también los detalles, en este caso uno que destacaría es el hecho de que las tarjetas de visita de 360° M&C son redondas. A día de hoy el 99% de los clientes o proveedores a los que se las he dado han hecho un comentario positivo sobre ellas. Un punto más a favor en esa relación.

Siguiendo también en 360°, mi compañera y gran amiga Nieves Ortiz es un buen ejemplo de aplicación de detalles a los diseños para conseguir un gran trabajo final. Está claro que en gran parte es cuestión de talento pero hay una parte de su trabajo que he podido asimilar para aplicarla al propio, consejos que me ha dado que sin duda han mejorado lo que estaba haciendo, sobre todo a nivel de presentaciones a clientes que han obtenido una buena respuesta.

Ortografía
Quizás este libro tenga alguna errata o falta de ortografía que se me escape y si se da el caso agradecería que se me comentase porque para mucha

gente puede ser un dolor de vista a la par que un punto negativo para el libro.

Que hay quien no entiende eso, pero el hecho de ver un eslogan sin tildes como el que vi a una gran marca de bebidas que ponía "frio", o un cartel con exceso de ellas como el que vi en un centro de depilación que ofrecía sus servicios en "inglés o axilas", o grandes y míticas faltas con "b, v, h, etc", nos hace plantearnos por qué sus autores tienen ese trabajo con la de personas que hay en situación de desempleo y saben hacerlo bien.

Una buena y cuidada ortografía, que no es más que el fruto de dar mimo a lo que se escribe, es un detalle bastante importante que debe tenerse en cuenta y puede ser la clave de tener suerte o no a la hora de encontrar empleo. Son cientos los currículums de diseñadores gráficos que he manejado en los que se declaraban expertos en "Indesing", que igual lo eran, pero de entrada suena como si descubriéramos que Indurain nos escribe que es un as de la vicicleta.

Puede parecer pesado tener que estar pendiente de tantos detalles pero si durante un tiempo se ponen en práctica al final se van asimilando dentro del repertorio de automatismos que hacemos al día. Probad y ya veréis qué diferencia de resultados.

Deberes:

1 *Revisa tu día a día.*

2 *Encuentra cosas que podrías mejorar.*

3 *Mejóralas.*

4 *Cuida la ortografía siempre, sobre todo en las redes sociales, es la imagen que das.*

Trabajo, constancia y sacrificio

Los objetivos que tenemos en la vida no suelen cumplirse esperando simplemente a que nos los den cumplidos, sin embargo conozco más de un caso de gente que lleva toda su vida recibiendo objetivos cumplidos, además con un buen sueldo, pero aunque suelo verlo con frecuencia no suele ser lo normal.

Los mortales nos encontramos con que no sirve de nada lamentarse de que el de al lado siempre tiene suerte y aprueba los exámenes estudiando poco. Quizás el secreto estaba en ir a clase, atender, hacer esquemas a diario y el día antes del examen darle un repaso sin necesidad de trasnochar. Eso es ser constante.

Trabajo

El trabajo no debe asustar, hay tareas que requieren poco tiempo y son muy agradecidas al concluirlas, y otras que requieren de muchas horas dando poco beneficio a su finalización. Este tipo de tareas es bueno verlas como el paso necesario para facilitar otras, como la montaña que hay que subir para continuar el camino en llano hasta donde queremos llegar.

Lo importante en el tema de echar horas es saber buscarles el sentido antes de empezar, ver cómo sacarles utilidad, analizar el beneficio a corto, medio y largo plazo que nos va a dar esa inversión de tiempo que a veces durante el proceso parece que no tiene nada beneficioso.

Decía Steve Jobs en una charla de graduación en la Universidad de Standfor que cuando él era estudiante (de los malos) decidió dejarlo todo y asistir solo a clases que le gustaran o aportaran algo. En una de esas clases aprendió las bases para crear tipografías y, aunque en ese momento no le vio utilidad, años después creando el primer Macintosh aplicó esos conocimientos para darle un punto diferencial a su producto.

En el vídeo de la charla (que se puede encontrar fácilmente en YouTube) concluye en que a veces no podemos unir puntos hacia el futuro pero sí que podemos hacerlo desde el presente hacia el pasado, dotando de sentido a aquellas tareas que creíamos que carecían de él.

Quien haya sido becario habrá comprobado cómo se le dedica tiempo a una empresa obteniendo en términos económicos poca o ninguna remuneración (aún recuerdo mis 120€ mensuales en tickets de comida que me daban en McCann Erickson...), pero hay que verlo de forma amplia y pensar que, recién salidos de la carrera y sin experiencia, con la situación actual ninguna empresa puede permitirse el lujo de darnos un sueldo de convenio para enseñarnos a hacer algo que otros ya saben hacer de forma autónoma.

Esa primera experiencia hay que verla como la oportunidad que nos dan para que podamos aprender y hacer un portfolio con anunciantes a los que por nuestros propios medios nunca podríamos haber accedido. Y esto, aunque a corto plazo no nos suponga un ingreso, a medio y largo plazo nos proporcionará la oportunidad de subir un peldaño más hacia una mejor situación laboral, ya sea como asalariados o como emprendedores.

Constancia

Si se cree en un proyecto no hay que dejar nunca de trabajar en él. "Keep walking" que diría el claim de la campaña del whisky Johnnie Walker hace unos años.

Que no tengamos recompensa en un principio no quiere decir que no la vayamos a tener más adelante, lo importante es no parar, seguir remando en la misma dirección si tenemos claro qué es lo que queremos y si es factible tenerlo.

Que si hay una piedra en nuestro camino no hay que darse cabezazos con ella hasta partirla y pasar por medio, a veces lo ideal es replantearse las cosas y cambiar de estrategia sin perder de vista el objetivo. Keep Walking, sí, pero con sentido.

Sacrificio

A todos nos gusta que nos den las cosas en bandeja, eso es una verdad universal, pero cuando no tenemos los medios para que eso ocurra es más que conveniente tener la disposición necesaria para darlo todo por llevar a cabo nuestro propósito.

Normalmente cuando crees en tu proyecto y no tienes dinero, el sacrificio viene del tiempo de dedicación, ese tiempo que podrías dedicar a estar con la familia, salir con amigos, leer libros, ver series, etc. Pero has elegido invertirlo y eso va a hacer que te pierdas otras cosas que no podrás recuperar nunca. Requiere un sacrificio. Pero un sacrificio que a la larga te va a reportar una calidad de vida y una tranquilidad que te hará disfrutar aún más en el futuro de esas actividades que sacrificaste.

Trabajo, constancia y sacrificio

El mejor ejemplo que puedo dar de aplicación de estas tres palabras, trabajo, constancia y sacrificio, es sin duda el de mis padres. Ellos no han dejado de sacrificarse para que nunca faltase de nada y finalmente han obtenido el premio: calidad de vida y tranquilidad.

Gracias a su referencia y al ejemplo que me dieron y dan, que como hijo siempre cuestiono tontamente aunque me digan mil veces "cuando seas padre comerás huevo", intento en el día a día poner una pequeña piedra en cada frente abierto, por pequeña que sea, porque al final lo que vale es el hecho de seguir trabajando. Ser constante. Y sacrificarse cuando toca.

Aplicando estas tres actitudes el éxito está asegurado.

Para terminar

Cuando este libro era solo una idea llegó a ocupar casi 200 páginas mentales pero el resultado final ha dado un ejercicio de escritura bastante más sintetizado que lo que fue cuando tan solo era un índice.

Como he comentado en alguna página interior, todo crea sedimento y gracias a que leí durante el proceso de escritura el libro "El arte de la guerra", de una extensión similar a este y aún más concreto, me he planteado no llevar a cabo una revisión que conlleve un aumento de páginas o capítulos, ya que a día de hoy estos 10 puntos o ideas pueden ser un buen punto de partida hacia el futuro.

Y qué mejor forma de cerrar esta primera experiencia escritora que con un último consejo, uno para llevar siempre como seña de identidad en cualquier ámbito de la vida: sé humilde, ten empatía y muéstrate agradecido.

Para terminar

Humilde porque por muy bien que hagas las cosas siempre habrá sido gracias a que alguien te lo ha facilitado. Tú puedes ser inteligente y sacar una carrera pero es posible que tus padres hayan hecho todo lo que estuvo en sus manos para que te centraras en estudiar. O es posible que hayas conseguido el éxito en un proyecto gracias a que tus compañeros se ocuparon de apagar fuegos transversales para que no tuvieras distracciones. Fuegos de los que quizás nunca tendrás constancia pero que fueron una carga para alguien de tu entorno.

Ten empatía porque no todo el mundo tiene tu facilidad para resolver problemas y quizás haya gente que necesite un poco más de paciencia o ayuda para lograr el éxito. No se trata de machacar a quien se equivoque sino de saber ponerse en su lugar y darle las herramientas o claves para que llegue a la solución. Siempre será mejor perder una vez 1 hora en enseñar que perder 10 minutos cada día en corregir.

Y muéstrate agradecido, porque gracias a toda la gente que te rodea eres quien eres. Con tus virtudes y defectos, pero tu "yo del presente" es una realidad como consecuencia de todas las experiencias vividas. Cualquier persona con la que hayas interaccionado, por poco que fuera, te hizo tomar un camino en vez de otro y eso lo podrás ver en gran parte con tus más cercanos. Con tu familia, con tu pareja, con tus amigos.

Por eso, como cierre, quiero dar las gracias a quienes estáis detrás de estas páginas, sin lo que me cuidáis no habría tenido forma de escribir ya que no habría tenido la oportunidad de vivir todo lo que he vivido, esa vida que me ha traído hasta este momento y que tanto os agradezco y agradeceré.

Gracias.

Índice

www.ingramcontent.com/pod-product-compliance
Lightning Source LLC
Chambersburg PA
CBHW060055050426
42448CB00011B/2476